태뫼봉의 양지

| 김광수 시집 |

| 작가의 말

하늘이 온통 아름답게 보입니다.
나는 할 수 있다는 자신감 하나로 버티어 온 오늘, 감히 상상도 해보지 못했던 머릿속의 생각들이 활자로 세상에 나온다니 걱정이 앞서 잠을 설칩니다.

멋진 시어도 없어 현대 시의 기준이 무엇인지, 예쁜 하늘을 어떻게 표현할 것인지 몰라 망설였으나 글동무의 한마디에 자신감을 얻어 써본 글이 시집이 되다니 꿈만 같습니다.

70평생을 돌아보면 감사할 일이 많았습니다. 어렸을 때 보릿고개 시절을 지내고 산업 혁명 시대를 거쳐 선진국의 반열에 든 현재의 삶, 이 모든 것들이 시제로 다가왔습니다.

어려울 때 자신을 희생하며 4남매를 키워주신 어머니의 그리운 품과 어릴 때 뛰어놀던 태뫼봉의 양지와 그리운 벗, 내 고향과 자연, 그리고 살아오며 사랑하는 것들을 소재로 엮어 보았습니다.

베이비붐 시대를 살아온 동년배, 그리고 같은 시대를 견디어 오늘에 이른 선·후배님과 공유하고 싶습니다.

이 책이 출판될 수 있도록 애써주신 글동무 외 여러분께 깊은 감사 드립니다.

감사합니다.

2024년 12월
도원 김 광 수

차례

작가의 말　　6
발문 | 이대흠　141

제1부　어머니의 품

16　토방 위의 그리움
17　식지 않는 풋대죽
18　엄니
20　미소가 익었다
21　어머니의 하늘
22　엄니 주머니
23　무전여행(1)
24　무전여행(2)
25　무전여행(3)
26　무전여행(4)
28　신통방통
30　냇갈밥
32　등잔불

제2부 태뫼봉의 양지

- 34 천수답
- 35 춤추는 홍시
- 36 밭둑
- 37 그리움
- 38 쉼바탕
- 39 유자
- 40 텔레비전
- 42 검정 고무신
- 43 댓돌
- 44 남동생
- 45 누이동생
- 46 막둥이
- 47 백열등
- 48 선물
- 49 중절모
- 50 태뫼봉의 양지

제3부 그리운 벗

- 52 소꿉친구
- 53 삐비
- 54 짝꿍 짓기
- 55 돌담
- 56 카톡 추억
- 57 둥글둥글
- 58 그리움의 속삭임
- 59 달빛
- 60 붕어빵 (1)
- 61 붕어빵 (2)
- 62 굿모닝
- 63 미소
- 64 뒤통수
- 65 마음조각
- 66 영상통화

제4부　땅끝, 해남을 노래하다

　　68　허리
　　69　울돌목 悲歌
　　70　뱃고동
　　71　해남공룡박물관
　　72　연봉녹우(連峯綠雨)
　　74　두륜연사(頭輪煙寺)
　　76　달마도솔(達摩兜率)
　　78　육단조범(陸端眺帆)
　　80　고천후조(庫千候鳥)
　　82　우항괴룡(牛項怪龍)
　　84　명량노도(鳴梁怒濤)
　　86　주광낙조(周光落照)
　　88　미남축제
　　90　고향 꽃
　　92　아빠의 진심
　　93　고뇌

제5부 아름다운 자연

 96 별에게 묻다
 97 눈속에 핀 꽃
 98 하늘
 99 매미
100 분재
101 불꽃놀이
102 뭣 헐라고
103 목화밭
104 단풍마음
105 가을 잎
106 별 헤는 다리
107 겨울비
108 산책길
109 떡잎
110 목련화

제6부 짝꿍

- 112 단어
- 113 돼지갈비
- 114 식탁
- 115 도시락
- 116 성애
- 117 접촉사고
- 118 에코백
- 119 이발
- 120 머리염색
- 121 가족사진
- 122 빵 터짐
- 124 당신을 사랑합니다

제7부 살며 사랑하며

126 돋보기에게 혼쭐나다
127 감사
128 이모티콘
129 요술 사진
130 꼭지
131 보름달
132 거짓말
133 겨울 첫차
134 감동
136 허공
137 매력
138 개똥
139 기계에게 배우다
140 어떤 부부

제1부

어머니의 품

토방 위의 그리움

장질부사!
햇살 스민 토방 위에
비스듬히 기대어
목숨 이어갈 힘조차 다할 즈음

온갖 애를 다해도
백약이 무효

게슴츠레한 실눈 속에
아지랑이만 아물아물
어머니 눈물 넘치는 한 동이

오메 내 새끼
오메 불쌍한 내 새끼
정신 줄 놓으면 안 된다
눈 크게 떠라

자빠진 소도 일으킨단다
낙지탕탕이 입에 밀어 넣어주신
간절한 호흡소리
그리운 나의 어머니

식지 않는 풋대죽

땡땡땡 점심시간
웅성웅성 왁자지껄

제각각 도시락 자랑
작아지는 내 모습

종종걸음 걷다가
누가 볼세라 냅다 달린다

이마에 맺힌 땀 훔치고
가마솥 뚜껑 밀어 제치니

나를 반겨주는
어머니 표 풋대죽 한 그릇

엄니

울 엄니 소안댁
맵시 곱고 솜씨 좋아
동네 한복 예쁜 옷 모두 다 울 엄니표

발로 밟아 돌리는
소안댁 보물
아짐들 터진 옷 우리 집으로

북적이던 어린 시절
재봉틀 소리는 우리들 자장가
아침까지 분주한 울 엄마 손길

묻지마라 갑자생 타고난 팔자려니
70년대 초부터 급변하는 사회현상
기성복 시대 되니 재봉틀은 골동품

경주이씨 맏딸
신식교육 받으셔서
마을회관 모여 앉아 한글 공부 선생님

자식들 뒷바라지 부족함 없이
칠십사 년 살다 가신 그 흔적
남겨진 자식들 울 엄니 닮았어라

미소가 익었다

난 몰러
하고 씨익 웃는다

묻지 않아도
난 몰러 하고 또 웃는다

바라만 보아도
내가 뭐 아남하고 활짝 웃는다

다 안다 할 때 보지 못했던
내가 뭐 아남 하니 보이는 미소

아무것도 몰라도
미소로 답하신 우리 장모님

차라리
천진스러운 어린아이 되었다

어머니의 하늘

찬바람 불어온다
구름 따라 흔들리는 하늘

정수리 위 하늘은 보기가 어렵다
마음먹고 고개를 구십도 젖혀야 보인다

가장 먼 하늘은 어디일까
아마도 거기에 어머니가 계실 것 같다

해가 갈수록 어머니 그립고
나이 들수록 어머니 보고 싶다

빙판에서 미끄러져 다치셨던 팔목
두 손으로 다시 한번 잡아드리고 싶다

먼 그곳에 마음 묶어 보내고 싶다
엄마 춥지 않으신가요

엄니 주머니

자장면 보통은
엄니 주머니

어린 시절 외식은
최상이 자장면

일 년에 한두 번
운 좋으면 한 번 더

보통은 서운한 표정
곱빼기는 흐뭇한 미소

상술이 좋은 건지
돈 차이는 오백 원

엄니 호랑 속은
보통에 맞춰졌다

그때의 추억에
무조건 곱빼기 주세요 한다

무전여행 (1)

십팔 세 청춘
다른 세상 궁금하여
당찬 계획표 작성

호남선 완행열차 서울역 도착
촌놈은 촌놈이다
호주머니 몽땅 털렸다

해는 서쪽으로 기울고
후암동 전봇대 구인광고
먹여주고 재워주는데 월급은 없다

무전여행 첫 날
남산에 올라가 내려다 본 서울 야경은
내가 본 최고의 구경거리

후암동 멋쟁이 사장님
무전여행 도와준 최고 은인

서울을 남겨두고 시흥으로 출발

무전여행 (2)

전 재산 백 원
반은 버스비 반은 콩물 한 그릇

시흥에 내려
신작로 따라 터벅터벅
어느덧 날이 저문다

밥 얻어먹을 용기조차 없음에
꼬르륵 거리는 배 더듬는다

긴긴 여름날이 저물어간다
잘 곳 찾아 눈을 이리저리

벌초해 놓은 풀 머리까지 덮고
하늘을 지붕 삼아

수많은 별을 세다
그래도 꿈나라 여행하다

무전여행 (3)

새날 눈 뜨니
하늘색이 다르다

한참 먹을 나이에 두 끼니 건너뛰니
세상은 노랗고 생각은 뒤죽박죽

겨우 털고 일어나 동네로
오고 가는 사람들 힐끗힐끗 곁눈질

굴뚝에 연기 오르니 밥 냄새 느껴진다
싸리문 밖 기웃기웃 기척이 나면 얼른 뒷걸음

거 밖에 뉘시오
집안 어른이 알은 체 하신다

얼굴 내밀고 입속에서 옹알옹알
알아차린 어르신의 올라오라는 손짓

절대 잊지 못할
무전여행 첫 무전식사

무전여행 (4)

십오일 지난날
우연히 거울 본다

얼굴이 새까맣게 타고 벗겨져
외계인을 본 듯

마음이
갈등 지도를 편다

결국 남원에서
집으로 향하는 버스에 무임승차 연속

무전여행
쉬운 것이 아니었다

굶주린 배 움켜쥐고
다시 찾은 보금자리

동네에 들어서니
어른 아이 몰라본다

그래도 얼른 뛰어와
꼬옥 안아주신 어머니

죽었나 살았나
한숨도 편히 못 잤다 하신다

신통방통

여나무 살 키 작은 아이
엄니 종기 걱정되어

소문만 듣고
버스 타고 철선 타고

종기에는 고약이 최고라고
물어물어 찾아간다

시끌벅적 목포시장 골목
소문에 듣던 간판 찾았다

눈물 글썽 콧물 글썽
이제 엄니는 낫는다

막차 타고 도착하니
어둠 속에 엄니가 보인다

그냥 눈물이 주르르

지금도 생각나는
이 뭐시기 고약

냇갈밥

참 지질이도 어렵고 힘들 때
여나무 살 어린 아픈 추억
아래로 세 명의 동생이 옹기종기
예닐곱 살 된 남동생 아래로 두 살 터울들
막무가내 떼를 쓰던 동생들의 울음이 머문
냇갈은 지금도 나의 발목을 잡는다

엄마의 슬픈 부탁으로 내가 앞서고 동생들은 뒤따른다
마지못해 느릿느릿 걸어 겨우 도착하여 안으로 들어가지 못하고
샛밖에서 기웃기웃 거리며 들어오라는 할아버지 목소리 기다린다
할아버지는 무궁화나무 아래 앉아 산만 쳐다보신다
결국 들리는 앙칼진 목소리 밥 딱 맞춰 했는데 또 왔다고

동생들을 재촉하여 되돌아오다 냇갈에서
배고프다고 버티는 동생들에게 시범을 보인다

무릎을 징검다리에 대고 냇갈 물을 벌컥벌컥 들이킨다
먹지 않겠다고 울어대던 동생들의 모습은 잊을 수 없다
먹고 또 먹은 냇갈 물은 밤새도록 뱃속을 뒤틀었다

지금은 조그만 다리가 놓였으나
그 기억은 자동차 바퀴도 세운다

등잔불

등잔불은 시력 집중
그때 보고 쓰던 한자가 지금도 생각난다

어둠을 물리치던 심지는 양식이 필요
엄마의 심부름에 유리병 가슴에 안고
투덜투덜 조심조심 중간에 쉬어가며
신작로 옆 가게에서 사오던 심지 양식

돈이 귀하던 엄마는 심지 양식도 아껴야 한다고
땅거미 지나 성냥을 보이셨네

조금 더 밝게 하려고 심지를 쑥 빼 올리니
그을음이 천정을 덮치고 콧구멍 탄광이네

혼나면서 들었던 사자성어가 지금도 생생
과유불급 중용의 교훈 등잔불

제2부

태뫼봉의 양지

천수답

두 마지기 천수답
열 두 다랑치

간절히 기다린 봄비
모으고 가두어

하지 전에 간신히
모내기 마치고

유월 장마 기다려
논바닥 넘실넘실

수 일 만에 아침 일찍
이슬 털고 논둑에 서서 보니

바짝 마른논 바닥
깜짝 놀라 이리 뛰고 저리 뛰니

드렁이가 웃는다

춤추는 홍시

빨간 홍시가 대롱대롱
내 눈 속에 들어오네

깨지지 않게 조심조심
손바닥에 닿는 매끄러움

첫 홍시는 어른께
어머니 말씀 따라

무궁화나무 아래 계신
할아버지께 가져다 드리니

내 마음은 춤추네
돌아온 반쪽

밭둑

이리저리 구부러져
따라가기 힘들지만

친구들과 뛰놀다
밭으로 넘어지면

어디서 나타나셨는지
고함치던 아저씨

밭작물 망쳐놓고
줄행랑치던 그 시절

계단식 밭둑은
눈이 오면 사라지고

달리기 하던 친구는
어느새 눈구덩이 속에 파묻혀

하얀 눈사람 되어
추억 속에 춤춘다

그리움

주름이 깊어질수록
생각은 젊어지나

잊혔던 기억이
거꾸로 이어지네

그리움의 무게는
오래될수록 또렷하다

가까울 때 알지 못한
소중한 보물들

기억에 새겨진 태뫼봉
가슴에 남겨진 그리움

쉼 바탕

자잣골 중간쯤 쉼 바탕이 있다
친구들과 숨바꼭질하는 놀이터가 아니다
땔 나무 지게에 지고 내려오다 잠시 쉬어가는 곳

넓은 바위 옆에 샘물도 있다
어른들 틈에 덜 큰 그도 있다
그는 물 한 모금 움켜 먹고 하늘을 올려본다

반쯤 고인 눈물 옷소매로 훔치고
따로 노는 지게와 한 몸 되려고 애쓴다

수십 년 흐른 지금
그 시절 그곳이 그립다

유자

끼리끼리 미리 약속하여
나무 뒤에 숨어 기다린다

감소고우 유세차 갑자년
축관의 우렁찬 목소리
어른들이 무릎 꿇고 절을 한다

말이 필요 없다
눈은 한 곳으로 모인다
접시에 예쁘게 쌓아 올린 그곳

샛노랗고 향기가 너무 좋아
주머니에 있어도 그 냄새에
친구들이 모여드는 유자

텔레비전

호롱불이 물러가고
전봇대에서 흘러와 백열등이 춤출 때

동네가 시끄럽다
처음 본 신기한 물건

저녁시간 쪽문으로
남녀노소 하나 둘

마루가 모자라
토방에서 꼽발 딛고

대청문이 열린다
찌지지직 찌지지직

안테나 이리저리
됐다 됐어 한마디씩

작은 네모 통속에서
사람들이 말도하고 울기도 한다

신비에 취해 매일 기와집 대문을 드나들었다

60년대 말 초등학교 졸업 즈음
처음 본 텔레비전 추억

검정 고무신

새 신을 신고 뛰어보자 팔짝
머리가 하늘까지 닿겠네

짚신 신다 검정 고무신
한 문수 큰 신발 동여메고

비오는 날 철덕거려
동생 얼굴에 발 물총 쏘고

돌부리에 찢어지면
이리저리 얽어 꿰매 신고

친구들 볼까 숨겨도
미끄럼 잘못 타 꿰맨 자리 터지고

명절 한 달 전부터
손꼽아 기다리던 추억의 검정 고무신

새 신을 신고 달려보자 휙휙
단숨에 높은 산도 넘겠네

댓돌

댓돌 위는
할아버지 신발

많은 식구들 신발
댓돌 아래 차렷

마루 옆 기둥은
어머니 물 고무신 세우는 곳

대가족 북적북적
신발 놓는 자리도 질서와 공경이 공존

댓돌 아래
엎어진 신발짝 하나도 없었네

남동생

나보다 키 큰 남동생
하회탈 사촌 같은 내 동생

웃는 모습 천사이고
마음은 태평양이다

어렵고 힘든 세월
스스로 일어서서
당당히 걸어가니

고맙고 감사한
눈웃음 내 동생

누이동생

누이동생은 외동딸
엄니의 보물이다

엄니는 늘
누이동생 편

어릴 적 형제들은 엄니의
보물을 싫어했다

싫어했던 보물은
지금 우리의 보물이다

많은 시간이 지나
머리에 서리가 내린다

누이동생 만났다
내 앞에 엄니가 계신다

막둥이

어른들 사랑 독차지
막둥이는 귀엽고 예쁘다

우리 막둥이는 울보
시도 때도 없이 운다

조용히 울지 않고
소락때기 지른다

우리 집은 동네 높은 곳
온 마을이 진동한다

지금도 고향 어른들
소안댁 막둥이는 소락때기

그래도 막둥이는 사랑둥이다

백열등

문틀에 대롱대롱 달린
백열등 하나
못으로 구부려 만든 고리 두 개

왼쪽으로 당기면
작은 방안 밝히고

오른쪽으로 당기면
석유곤로 위 냄비의 후광이 된다

고픈 배 만큼 춤 추던
백열등 하나 추억이

다락방 구석에서
빛으로 다가온다

선물

정월 대 명절
어른들께 드릴 선물 준비

이십 년 전 십 년 전
개수가 줄어든다

올해는 단 두 개
어른 몫만 챙긴다

이렇게 나이가 드나보다
세월이 가나 보다

한해가 다르다던 선배님들 말씀
몸도 환경도 많이 다르다

선물 실은 카트도
세월 따라 다르다

중절모

사촌 형님은 중절모가 여러 개
볼 때마다 다른 색으로 멋 부린다

봄에는 연두색 중절모
여름에는 파란색 중절모 쓰더니
가을 되니 오색 단풍 머리에 이고
이제는 지팡이를 친구삼는다

산책길 걸어가는 뒷 모습
쓸쓸함을 따라가는 가을보다 깊다

가을 남자
중절모 지팡이 흩날리는 낙엽
가끔 하나씩 보이는 벤치

태뫼봉의 양지

백두산 줄기 따라 머문 태뫼봉
일구오오 을미생 울음으로 신고

남쪽 향한 양지 작은 초가삼간
웃고 울며 자란 따스한 햇님

호롱불 아껴가며 외워 넘긴 페이지
십오 년 세월이 거의 한 인생

버틸 힘과 희망의 원천
태뫼봉의 양지

고맙습니다
감사합니다
사랑합니다

봉긋 솟은 태뫼봉 아래에 서면
미움도 원망도 설움까지도
이제 그리움으로 남습니다

제3부

그리운 벗

소꿉친구

어둑어둑한 미명
샛밖에서 부른 소리

깜짝 놀라 일어나
눈 비비고 문 내민다

또 부른다 큰소리로
친구야 딱지치자

삐비

봄볕이 춤춘다

아지랑이 사이로 뜀박질 하며
작은 눈 부릅뜨고 찾아 헤매던
추억의 간식 삐비

통통하고 탐스런 놈 발견하면
마음이 먼저 배불렀다

여나무 살 나이
좋아하는 친구 주려고 한 움큼 모아

숨어서 건네주다 들켜
놀림 받던
그 시절

누구누구는
누구누구를
좋아한데요 사랑한데요

짝꿍 짓기

손바닥과 손등은
서로의 짝꿍 만든다

마음에 든 짝꿍 만나려고
갈등이 춤 춘다

승률은 반반
믿을까 말까 고민

갑자기 생각난다
동네 할머니들 말씀

손잡아 주시며
손등이 복스럽다고

아예 딱 눈감고
손등을 내민다

복스러운 손에
다정한 손이 하나 되었다

돌담

골목을 왔다 갔다
돌담과 키 재기 하네

친구에 비해 더딘 키는
늘 돌담에 등 대본다

담장 넘어 보고 싶은 친구
마음은 진즉 키다리 아저씨

자연의 힘으로 무너져 내린 돌담
고개 내밀지 않고 보이는 안쪽

마음은 내 편이라고
속으로 우겨대던 작은 키

카톡 추억

생일 선물 받았다
손안에서 노는 전화기
요즘 말로 스마트폰

동창회 총무에게 자랑하니
카톡 방에 초대한단다

카톡카톡 소리에 깜짝 놀라
스마트폰 꼭 붙들고 매장으로 달음질

지금은 무음이다
그때 생각하면 혼자서 배시시

전화기는 걸고 받으면 됐지 했지만
친구들 가진 것이 부러웠다

둥글둥글

둥글둥글 당구공
깨복쟁이 친구

친구들 만나면
밥 먹고 으레 당구장

나이 많은 늙은 몸
새로운 배움 시작

몸은 굳고 생각만
피어나는 청춘이다

고수들 한마디에
작아지는 자존감

공은 둥글다
누구에게나 공평하게

난 할 수 있다
깨복쟁이 친구들과 함께라면

그리움의 속삭임

그리움이 움트면
혼자서 옹알옹알

조금 더 커지면
혼자서 구시렁구시렁

그리움은
마음속 그림으로

아름다운
미소가 쉬지 않는 나날

그리움이 있는 마음은 행복이요
그리움의 속삭임은 혼잣말이다

오늘도 쉼 없이
옹알옹알 구시렁구시렁

달빛

달빛은 그리움
달빛은 외로움
달빛은 첫사랑

달빛은
꿈꾸는 아이를 키운다

달빛은
삶 속의 어른을 만든다

그래서
달빛은 마술사

마술사는
포근하게 안아주는 어머니 마음

붕어빵 (1)

찬바람이 불어오면
길거리에 나타난 리어카 천막

걸어가면 멀리서도 짐작
고소한 냄새가 코끝을 자극

주머니를 이리저리 만지작
그냥 지나치니
주인님 몇 푼이라도 담고 다니쇼
배꼽 소동이 났다

먹고 싶다고 다 먹으면 뒤룩뒤룩

몇 걸음 지나 서로에게 칭찬
참 잘했어요 자화자찬 박수

그래도 붕어빵 겨울 추억
고소함으로 남는다

붕어빵 (2)

겨울의 붕어빵은 추억 한 조각
빈약한 주머니 털어 나눠 먹던 정

시간이 지나도 그때 그 크기
똑같은 종이 봉지 그때 그 향기

붕어빵 리어카는 추억의 정거장
오늘도 그 장소에 서성거린다

추억은 정情이요
정은 행복한 미소

굿모닝

굿모닝 아침 인사
카톡

스스로 스마일
설레는 마음

정다운 사람에게 보내는
아침 인사 한 줄

보내기만 하여도 행복
확인만 되어도 기쁨

아침 인사 한 줄
사랑 표현

미소

미소속의 미소를 보았네
미소속의 미소는 다르다

미소속의 미소는 감사
미소속의 미소는 감동
미소속의 미소는 감격
미소속의 미소는 존경
미소속의 미소는 진심

미소속의 미소는
나를 고개 숙이게 하고
스스로를 낮추게 한다

겨울비 내리는 날
그
미소속의 미소가
그리울 것 같다

뒤통수

가끔 듣는 소리지만
깊이 생각해보지 않았다

얼굴값
이름값
나잇값
덩칫값

사진을 앞에서 찍으면
잘 보이려고 자세 표정 관리

사진을 뒤에서 찍으면
제멋대로 자연스러운 뒤통수

사람의 머리는 하나인데
얼굴값은 해야 하고
뒤통수 값은 안 해도 괜찮나

마음조각

눈으로 봅니다
귀로 듣습니다
머리로 생각합니다
마음을 나눕니다

나의 마음 큰 덩이
나눌 수 있을까

가족 위한 한 덩이
나눌 수 있을까

친구 위한 한 조각
나눌 수 있을까

이웃 위한 반 조각
나눌 수 있을까

마음조각 나눠 놓고
가슴에 가둬버린

작은 내 인생

영상통화

나에게 스마트 폰 기능은
전화 문자 그리고 카톡

어느 날 신기한 세상이 펼쳐진다
전화하다가 갑자기 화면을 보고
수락 버튼을 눌러 보란다

화면에 상대방 얼굴이 나온다
깜짝 놀라 휴대전화 놓칠 뻔

내 모습도 보이냐고 물었더니
생긴 대로 그대로 잘 보인단다

머리 쓰다듬고
옷매무새 만진다

이제는 과학에 눌려
어디 가도 카메라에 내가 있고
상대방 손안에도 내가 있으니

좋은 건지 힘든 건지

제4부

땅끝, 해남을 노래하다

허리

저 멀리 두륜산 두 봉우리
한평생 같이한 영감 할미 같다

큰 봉우리 궁금한지 휙 돌아봐도
아는지 모르는지 뒤 봉우리 땅만 바라본다

세월의 무게가 허리에 얹혀 있나
등 만 휘었다

울돌목 悲歌

하루 스물네 시간
크게 네 번 움직인다

두 번 오고 두 번 간다
오간다고 힘들어 쉬기도 한다

넓은 것을 바다라 하지만
한강과 견줄만한 곳도 있다

오래전 큰 역사적 사건을 품고 있어
모르는 사람 없는 곳

그때의 통곡을 매일 들려주는
울며 돌아가는 길목 울! 돌! 목!

뱃고동

땅끝 항 여객선 터미널
뱃고동 울린다

말할 수 없지만
울림마다 다른 느낌

짐이 너무 힘겨워
불평하는 소리인가

바닷바람 시원해서
기분 좋은 소리인가

이별이 서럽다 하여
가슴으로 삭히는

수많은 사연 싣고
뱃고동은 울고 또 울린다

해남공룡박물관

주차장에 차 세우고
대형 암모나이트를 본다

조바리아 인사한다
모른 체하고 하늘 보니

태양이 구름을 물리쳤다
다리에 힘이 없어진다

구세주 나타났다
셔틀 공룡전기열차

이십만 평 넓은 부지
어린이들 유토피아

할아버지 바쁘게 동전 교환
손주들은 상상의 나래 활짝

신나서 이리저리 걷다가 뛰다가
여섯 시간 지나니
많이 다른 삼대三代의 표정

연봉녹우 連峯綠雨

덕음산 배경 삼아
오랜 세월 고즈넉이

좌청룡 우백호
남주작 북현무 배산임수

입향조 어초은 어르신
이것저것 다 따져

고르고 찾으시어
양택에 터 잡으시고

부자 양반 거드름
스스로 멀리 하시니

아래위 군민 모두
존경심 가득하네

삼개 옥문 적선지가
나라님이 인정하고

불천위 내리시어
후대에 귀감 되니

육백 여 년 녹우당
해남의 보배일세

두륜연사 頭輪煙寺

팔봉 구곡
두륜산도립공원

하늘에서 내려 보면
백두산 천지 같고

연꽃 속에 사찰
다소곳 자리하여

천오백 년 지난 세월
희로애락 간직하고

비로자나 와불 계시어
팔난을 면하고

북암 마애여래좌상
첫 땅 국보 되니

전라 정도 천년 수
천이백 살 큰 숨 쉬네

기도 도량 호국 성사
차의 성지 일지암

팔봉 구곡 보배
후대에 물려줄

해남 땅
자랑스러운
세계문화유산 대흥사

달마도솔達摩兜率

월출산 지나 땅끝기맥
만불상 이고 있는 달마산

키가 어찌 크던지
세워 보면 히말라야보다 높다

우리나라 유일
달마대사 머물만한 명산

만불상 계신 서록에
아름다운 미황사 자리했네

천삼백 년 전
창건 설화 남방불교 전래설
본전 기둥 주춧돌에 새겨있네

천년 옛길 이어 손으로 다듬어 만든
17.74 킬로미터 명품 달마고도길

석자 세치 나막신 거인
기암절벽 불가사의 터를 닦고

천상의 네 번째 정토
도솔천의 이름 빌려

천하를 품어도 부족함 없는
도솔암이 세워지다

육단조범 陸端眺帆

육지 끄트머리
떠나가는 돛단배 바라본다

이곳이 어디인가
삼천리금수강산 시작점

서 있기만 하여도 의미 있고
함께하면 더 좋은 곳

저녁 파도 소리에 가슴 여미는
아름다운 추억 삼키며

백두산과 겨루는 사자봉
예술적 감각 땅끝전망대

북위 34° 17′ 32″
하늘 찌를 듯 세워진 땅끝 탑

남해와 서해
섬 형제와 바다를 갈라놓는다

남파랑길 90코스 종점
기나긴 서해랑길 1코스 시작점

오금 저린 스카이워크
두 팔 벌려 땅끝 만세 만만세

고천후조庫千候鳥

천 개의 창고가
세워질 곳이라고

옛 선조님들
이름 지어 부르시니

20세기 가기 전
이름 따라 이루었네

넓은 들판
끝 가늠할 수 없고

타박타박 걸어서
한 세월 보내겠네

고천암 담수호엔
겨울 손님 천국

수십만 가창오리
무리 지어 제집같이

한 마리 리더는
수 십 만을 거느리고

일 년 동안 갈고닦은
예술 공연 펼칠 때면

긴 렌즈 달린 카메라
그 모습 현란하다

우항괴룡牛項怪龍

지구 역사에 비하면
우항리는 새싹

중생대 백악기 팔천삼백만 년 전
발음도 계산도 어렵다

해남군 황산면 우항리
1996년 큰 공룡 사건 보도

지구촌 관심 집중 학자님들
공룡 찾아 머나먼 우항리로

세계 최고 세계 최대 세계 최초
아시아 최초 수식어 부여하니

해남 들썩 우리나라 들썩들썩
지구촌이 기억하는 해남

공룡 화석지 발판 삼아
박물관 개관하여 우리나라 명소 됐네

어린이들 상상 나래 활짝 펴고
시간 가는 줄 모를 적에

덥수룩한 촌로 조용히 다가와
작디작은 목소리로 혼잣소리 되뇌다

어릴 적 썰물 때면
대형공룡발자국에서 목욕하고 놀았노라

명량노도 鳴梁怒濤

노발대발인가 분기탱천인가
쉼 없이 울어대니 잊혀 질 리 없건만

못들은 척 귀 닫고 눈감으니
울돌목 대 노怒한다

정유년 잊지 말고 기억하라
모든 이들 오기 쉽게 큰길 만들어

세세한 이정표 높이 세우고
귀한 세금 들여 주차장과 편의시설

어린 손주 앞세우고 힘겨워 걸으시니
아들은 달려가 실버 카 챙겨 오네

명량대첩 승리 뒤 해남 백성 피눈물
아직도 서러운지 성난 파도 소리

우수영 역사는 수군의 탯줄인데
강점기 지나면서 흔적 없이 사라지니

명량대첩비 찾아 헤매던 광복 후 기억
우수영 성 복원은 언제쯤일까

절대로 잊지 말자
잊어서는 아니 된다

목숨 걸고 지키자
우리나라 대한민국

주광낙조 周光落照

자연 품은 리아시스식 해안
근대와 현대가 공존

제국 시대 최초로 세워져
등대지기 노랫말 주인공

근대 문화유산 지정되어
서 있던 그 자리 그대로

범선 모양 수류미 등대
자태가 예사롭지 않다

금방 먼 바다로
출항할 준비 마치고

바닷물이 간질이면
좋아서 웃는 모습이다

삼십팔 점 오 미터
훤칠한 키 너머로 기울어가는 태양

천사대교 사장교에 앉아
마지막 예술품을 생산한다

주광낙조 너무 아름다워
내 눈 깊은 곳에 새긴다

미남 축제

아름다운 미남
미혹될 미남
땅끝 미남
맛 미남

가을 향연
국화 예술품
바람 선율 따라
낙엽 덤블링

드넓은 대지 위에
즐비한 상품 부스
후각을 건드리는
푸드 트럭 만만세

서로 의견 종합하여
바깥에서 주문하고
안에서 자리 잡고
한사람 묵무침에 막걸리
다른 사람 모둠 부침개 한 접시

육회비빔밥 두 그릇
분위기에 취해 막걸리 한 병 더
듬성듬성 머리카락 바람이 건드린다

시끄러운 음악 소리
알아듣지 못한 가사
멀뚱멀뚱 눈치 보니
가을밤이 쳐다보네

고향 꽃

고향
메마른 대지의 단비
외로운 마음의 위로
그리운 추억의 기억
새로운 희망의 등불
마지막 향하는 발길

해남 선두리 법정 도서관 근무 중
빈집 울타리에 서 있는 매화나무

새봄 알리는 가지에 밥알 같은 몽우리
매화가 방긋 웃고 있다

작은 가지 몇 개 물 컵에 담아
재철님 앞에 놓았다

미간에 스미는 미소
고향 꽃 내음 그리움
그리운 고향이 나에게로 왔다

이천십년에 있었던 일
매화 보며 그는 나에게 말한다

세상의 인연을 마침표 찍을 즈음
수행자의 손에 들려온
고향 꽃이라고

아빠의 진심

이리 와 보렴
엄마와 딸 둘 서로 쳐다본다

아빠는 또 부른다
이것 좀 봐라

뭔데 하고 동생이 대꾸하니
엄마와 언니도 눈을 돌린다

봐라
딸들아

취직 하면 살고
집에 있으면 죽는다

웃는 듯 서먹한 듯
아빠 속마음 토해낸다

명량대첩
해전사전시관 근무 중
엿듣지 않아도 들렸다

고뇌

울돌목
숭고한 고뇌 상

봄 여름 가을 겨울
사시사철 변함없는 모습

이야기 나눌 사람 있건 없건
머리 벗어질 정도의 뙤약볕 한여름에도
온몸이 동상에 부서질 것 같은 혹한 겨울에도

동남풍 북서풍 강풍 태풍에도
울돌목 바라보며 어제도 오늘도 고뇌하고 있다

대한민국 삼면이 바다인 반도 국가
바다를 포기해서는 절대 안 된다고 지금도 말한다

바다는 감사한 마음으로
매일 두 번씩 그분의 발을 씻겨드린다

가끔은 안부가 궁금해 인사차 찾아가면
한 치도 흐트러지지 않는 모습 그대로
늘 충무공 그분이 머리에 맴돈다

제5부

아름다운 자연

별에게 묻다

별에게 묻고 싶다
내 별은 어느 별이며

별에게 묻고 싶다
내 별은 어디쯤 있는지

별에게 묻고 싶다
내 별은 어느 별이 될 것이며

언젠가는 별이 된다는데
언제가 언제인지

오늘은 별이 묻는다
너는 누구며
너는 무슨 별이 되고 싶냐고

눈 속에 핀 꽃

밤새 조용히 눈이 내려
담장 위 늘어선 화분에 소복하게 앉았다

댓돌 아래 쓸다 흠칫 놀랬다
차가운 눈옷 입은 엄동설한 꽃

예쁜 겨울 꽃, 숨이 멎었을까
빗자루 조심스레 반 겹씩 밀어낸다

멀쩡한 꽃잎 자랑하듯 고개 들고
어제와 다름없는 그 모습 그 자태

나는 순간 신비로움에
파르르 떤다

하늘

하늘은 천연염색 실크 원단이다
땅만 보고 거닐다 쳐다본 하늘
구름이 쪼개져 자기 나라 만든다

저 높고 넓은 곳 서로 다른 살림
광활한 큰 나라 작고 예쁜 나라들
구름이 만든 오대양 육대주

바람이 살랑살랑 큰 나라 밀어내니
새 세상 열리며 햇살이 천연염색 한다

매미

우항리 공룡박물관 입구
느티나무가 줄 섰다

그늘을 걸어본다
매미 합창 소리 따라

깜짝 놀라 뒷걸음질
왕매미 수컷이 울어 댄다

수년 만에 껍질 벗고
짧은 한 달 사는 동안

숨어 있는 임에게
나 여기 있노라고

목 터져라 울어대니
매미 소원 이뤄지려나

분재

분재 한 그루
화분에 서서 종일 나를 바라보네
무슨 말을하고 싶은 양

온몸은 울퉁불퉁 비틀고 꼬여
선택받은 가지는 꺾인 대로 말 듣고
내 맘대로 잎사귀 춤춰 본 적 없네

분재는
사람이 만들어 놓은 나무 예술품
그냥 예쁘다 되뇌고 지나쳤다

냉 온방 시설 좋은 집은 사람들 기준
그 안에 갇힌 분재
바깥바람 그립다

벌떡 일어나
화분 들어
바람 미팅 성공

불꽃놀이

불꽃 터지는 소리
휘파람 불며 올라가
하늘에서 터지는 대포 소리 같다

오색찬란한 분수
하늘에서 춤추며
여러 모양으로 터지는
신비스러운 버섯 모습 같다

눈은 하늘 향하고
입은 함성 토해낸다

휘파람 휘리릭
황홀하게 빛나던 축제
어느새 막을 내리고

뭇사람들 제 갈길 찾아가고
허공엔 불씨 하나 남아 내일을 기약한다

뭣 헐라고

우중충한 브로크 담벼락에
하얗게 분칠한다

어른들 지나면서 힐끗힐끗
뭣 헐라고 저런당가 신비롭게 쳐다보네

오래전 추억 보따리 풀어
제기차기 고무줄넘기
담벼락에 그려지니

경로당에 모인 어른들
제각각 신이 나서 자랑 보따리 풀어낸다

소싯적 하던 놀이 되새기며
고무줄 끊던 개구쟁이 그린다

칠십 년 젊게 만든
블로크 담벼락 벽화

목화밭

붕 들뜬 마음
콩닥콩닥 뛰는 심장

머릿속은 비어있고
양손은 안절부절

보들보들 목화송이
느낌 다른 말초신경

송이송이 만개하니
우리 누나 비단 금침

오래전 추억
잊지 못할 달콤한 간식

단풍마음

머리카락 희끗한
노부부의 마음

말없이 바라보는
미소 없는 얼굴

쓸쓸해 보이는 듯 하나
살며시 잡은 두 손

단풍처럼 발그레한
세월의 흔적이 물들어간다

가을 잎

을씨년스런
바람이 스쳐 지나고
나뭇가지 흔들리는데
떨어지지 않으려 애쓰는 마지막 잎

바람이 또 불어온다
기어이 낙엽 질 텐데
심술쟁이 바람은
제 발길 멈추는 곳에 낙엽 쌓는다

세찬 겨울바람 맨몸으로 버티어
따스한 봄볕에 맨살 내주고
움트는 연녹색 신비로움
한여름 그늘로 이웃사촌 맺어주고

우주 섭리 위해 기꺼이 제 몸 내어주고
제 각각 크레파스로 잔뜩 멋 내고
누구를 위해 오늘도 버티고 있나

또 바람이 휙 지나간다

별 헤는 다리

별 헤는 다리
뭍과 섬을 이어주고

별 헤는 사람들
친구 연을 맺어주고

별 헤는 남녀들
사랑으로 하나 되어

별 헤는 다리 건너는
우리들은 도 경계를 허무니

별 헤는 다리는
대낮에도 별이 반짝

별 헤는 다리는
만능 중매쟁이

겨울비

삼일동안 내리는 겨울비
더도 덜도 아닌 그 모양새

아침에 눈 뜨면 뒷산이 없고
두륜산 팔봉은 하늘이 되었네

올 겨울님 절기 잊으셨나
새봄인 줄 착각하시나

칠십 년 사는 동안 못 보던 일
소한 지나 대한이 내일인데

촉촉이 내리는 겨울비에
봄 꽃 피울라 살펴보네

산책길

졸졸졸 생명 골짜기
야자매트 오르막 따라
숲 터널로 빨려간다

할미꽃 꿈틀대며 기지개 켜고
진달래 반기려 준비하고

삐이이이이익 직박구리
도망치는 짹짹 참새들

물이 있어 나무 있고
나무 위에 새들 노니

흥겨워
개울물이 졸졸졸 답하네

떡잎

살랑살랑 부는 바람
어린아이 속살처럼 부드럽다

우수가 손에 잡힐 듯
대자연이 꿈틀대고

낙엽 이불 삼아 꿈꾸던 생명
바람이 전해준 기상 소식에

깜짝 놀라 깨어나
서로 먼저 내세우는 어깨싸움

부지런한 생명들
속살 들어내 해님 만나

아련하게 스며드는 햇살 따라
양지동에 전입신고 완료

목련화

고귀한 자태로
수억 년 지켜온

겨울바람 이겨내
신이화라 불리는 우아한 자태

벌과 꽃이 춤추기 전
개화하여 눈길 머금고

사람들 눈 속에 피어나고
지난겨울 시린 사연 꽃으로 피워내고
찻잔 속에서도 다시 피어나는

아름다운 목련꽃

제6부

짝꿍

단어

현관 키 번호판 소리
종알종알 귀여운 마누라 같다

익숙하게 손가락 움직이니
철컥 동시에 문이 열린다

저녁 되어 가는데
마누라 일과는 이제 시작이다

기억력 좋은 마누라
하나도 빠짐없이 신나게 종알종알

어디선가 듣고 본 기억처럼
여자들의 하루는 아마도 수만 단어는 될 것이다

마누라 수다에 하루를 회상한다

돼지갈비

몇 일째 천정에 빙빙 돈다고
여러 번 노래한다

먹고 싶은 고기 먹지 않으면
만사에 재미없단다

비싸지도 않다며 혈압 올린다
투 뿔도 아니요 서민 음식이라며

버티다 언제나 양보
먹는 모습 행복해 보인다

사람은 하고 싶은 것 하고
먹고 싶은 것 먹을 때

행복한 표정
진정한 미소

식탁

식탁은 외로운
영감 할머니 친구

4인 식탁인데
의자는 단 두 개

핵가족으로
부부 만의 공간

습관처럼 준비된
달달한 모닝커피

지정석에 앉아
마주 보며 웃는다

정돈되지 않은
흐트러진 매무새

둘만의 식탁은
둘만의 놀이터

도시락

도시락 집은 에코백이다
에코백 속은 따뜻하다
군침 삼키며 살며시 열어본다

까만 비닐봉지가 꼭 안고 있다
곱게 맨 매듭 줄 당기면
숨겨진 비밀이 고개 내민다

근무 때면 매번 있는 일
언제나 설렘과 감사한 마음
도시락은 마누라의 사랑이다

성애

창밖을 내다본다
누가 시킨 것은 아니다

주섬주섬 겉옷을 걸친다
장갑도 챙긴다

시동 켜고 제거기 잡고
앞 뒤 좌우 빙빙 돌며 말끔히

주인님이
'고마워'라고 한다

성애는 나의 사랑 표현
그냥 기분이 좋다

접촉 사고

무작정 울리는 휴대전화기
예감이 불안하다 했더니
역시나 상기된 목소리다

여보! 나 사고 났는데 어쩌지?
괜찮아 괜찮아 다치진 않았어?
멀리 있어 못가니 침착해봐

불안한 마음에 잘잘못만 따지고
보험회사 경찰이 정리해 준대도
우왕좌왕 시끄러운 마음 떨구지 못한다

자동차 접촉 사고
크고 작게 우리 삶을 흔들어 놓지만

지긋이 잡아주는 손과 손 접촉은
안심 불러주는 진정제이다

에코백

큰 가방 옆에 달랑달랑 에코백
거의 같이 함께하는 친구

속사정은 알 수 없다
가꾸고 꾸미는 이가 다르기 때문

두어 시간쯤 지나 실체를 본다
어제와 다르고 그제와도 다르다

혼자 먹는 점심이지만
매번 궁금증을 유발시킨다

오랜 세월 함께한 에코백
감사와 사랑이 가득하다

가끔은 화답으로
사랑편지 담는다

날마다 챙기는 정성 어린 마음
에코백은 잘 알고 있다

이발

티브이 선전에 매혹되어
주문한 가위손

자연스럽게 어울리다
머리카락이 하늘 향하면

쑥딱 쑥딱 가위손
잘도 잘린다

처음에는
이래라저래라 주문했지만
이제는 어엿한 이발사 된

나의 사랑
나의 이발사
나의 마누라

머리염색

아무리 꾸미고 청바지 입어도
아저씨라고 부르는 아이는 없다

몇 번이고 다짐하지만
버티다가 결국 염색약 집어 든다

희어진 머리카락 까맣게 만드는 것은
위선적인 행동이라고 말하는 동년배

머리 감고 나서 조금은 어색
까맣게 된 머리 보고 어린이들이 뭐라고 부를까

그래도 할아버지라고 부르면
지나는 세월에 흔들리지 말고
나만의 세계에 젖어 봐야지
희어진 머리카락 감춰버리자

가족사진

다 자란 자녀 직장 찾아 떠나니
덜렁한 티브이 앞에 눈만 깜박

거실 벽 한편에 자리한 지 오래
내 모습 달라 보이는 가족사진

하루가 지나고 수년이 흘러도
그 모습 그 자리 그대로인데
내 모습은 이미 달라진 그림

가족사진은
추억을 말한다
행복도 말한다

빵 터짐

대 식구 모였다
추석 명절 전날 밤

귀가 잘 들리지 않는
구순 되신 아버님

무슨 말 하려면 얼굴 보고
중간 톤으로 또박또박 말한다

화투 놀이 하자고
의견일치

아버님께 여쭸다
화투 어디 있냐고

가만히 듣고 계시던 아버님
한참 후 대답하신다

뭐 화투
저기 마트에 가봐 거기 가면 있어

빵 터진 열 개의 웃음소리
창을 넘어 달을 향해 달려도

아버님은 표정 없이 쳐다만 보신다

당신을 사랑합니다

당신을 사랑합니다
말로만 아닙니다

마음이 이러쿵저러쿵
하루 이틀 사흘

드디어
날짜 장소 숙소

새싹 돋기 전 나들이 계획
어느덧 화려한 봄 소풍날

말로만 아닙니다
당신을 사랑합니다

제7부

살며 사랑하며

돋보기에게 혼쭐나다

늘 곁에 있어 무심했다

자동차
책상
소파
가방 속

어쩌다
챙기지 못해
중요한 메시지 놓친다

코끝에 걸치기만 해도
바른 글씨 온전한 그림
나의 돋보기

대충 대하다
가끔 된통 혼난다

감사

신발에 흙이 잔뜩 묻었다
조심조심 가도 흔적 남아
계단에 미안한 마음

20여 년 오르내리는 동안
수 천 킬로그램 무게와
모든 사연 묵묵히 받아주고

화가 나서 쿵쾅쿵쾅 뛰어내려도
아무 말 하지 않고 나를 품어주는
고마운 우리 집 계단

이모티콘

첨단으로 향하는 시대
많이 뒤처진 나

고대 동굴에서 발견된
벽화도 남겨진 문자

톡 주고받다 갑자기
그림문자 춤을 춘다
웃음이 저절로 터진다

감동이 밀려오기도 하고
어쩌면 모습도 딱 닮았다

재미있어 복사해서
친구에게 보내려니 안된다

돈 주고 산단다
세상에 공짜는 없지

널뛰기하는
이모티콘에 반했다

요술 사진

시끄럽다
가끔 큰 웃음

인기 독차지
크로마키 사진 촬영

배경을 택한다
촬영을 누른다
스마일 동시에 번쩍 불빛
감아버린 눈

여기저기 터지는 아우성
아 참 또 눈 감았네

마음에 들 때까지
무한 도전
됐어 이제 출력한다

신기한 곳에 서 있는
요술 사진 통
날짜가 선명하니 먼 훗날 추억

꼭지

냉온수기 꼭지는 신랑 신부 같다
빨강 파랑 부부는 마술 부린다
신랑은 열 받은 가슴 식혀주고
신부는 달달한 커피 끓인다
둘은 언제나 조용히 다정하다

보름달

두둥실 부푼 풍선
어여쁜 마음 가득

반짝이는 사랑 별
보름달 뒤에 살포시 숨어

숨겨진 오랜 세월
수줍음 못 이겨

마음 드러내지 못하고
바라만 보다 지새우니

아마도 아마도
못내 이루지 못할

거짓말

한번 한 거짓말
두세 번 지나면
진실을 말하고 싶어도
되돌릴 기회가 없어질 수 있다

듣는 사람 모두
거짓말인 줄 알지만
가장 깊은 곳에 숨겨진 아픈 자존심
그래서 또 거짓말 만든다

어느 순간
대충 얼버무리고
다른 사람에게 피해 주지 않았다
스스로 위로한다

한두 번 한 거짓말
되돌릴 틈 없이 부풀려져
서로 상처 되어 응어리 된 악성 종양
처음부터 거짓은 안 되는 것이었다

겨울 첫차

하루 여는 신호는
버스터미널 대합실 문 열리기 전
큰 덩치 꽁무니에서 시작

준비운동 하는 동안
시끄러운 소음 일으키는 공회전

오래전 버스 안은
주인의 줄인 잠과 온도가 반비례한다

보따리 한두 개 지고 힘겹게 올라와
꽁꽁 언 손 비비며 오메 오메 따순거
아저씨 고맙소 복 많이 받으쇼 이

첫차 바퀴 움직이고 주인은 미소로 화답한다

감동

선진국
말로만 듣던 그곳에 갈 기회
취리히에 발 딛는다

잘 정돈된 도시에 전철이 멈춘다
한참 서서 봐도 타고 내리는 승객은 자유롭다
승차권 검사하는 사람도 보여주는 사람도 없다

궁금해서 물었고 대답에 놀랐다
승차표는 시민 양심에 맡긴단다
다만 불시 검표에 무임승차 적발되면 몇 곱절 벌금

날이 저물었다 널리 알려진 대형쇼핑센터
윈도우에 상품이 진열되어 있고 환하게 불이 켜져
있다
그런데 문이 잠겨 있다 6시 퇴근한단다

윈도쇼핑으로 상품 정해 다음날 개장하면 사야 한다
80년도 초 우리나라에서 보지 못한 선진국 모습

중년 부부 위한 심야 문화극장은 신기 그 자체

자정이 될 무렵 터벅터벅 숙소로 돌아오는 길
뒷골목 좁은 길에 신호등 설치되어 정상 작동
차가 다니지 않는다 사람들은 신호를 기다린다

신기해서 한동안 물러서서 지켜본다
한 사람도 신호를 무시하지 않고 파란불에 건넌다
아 이것이 선진국이구나 하고 감동 먹었다

허공

해거름 지나
땅거미 내려앉는다

툭툭 털고
운동화 구겨 신고 문 밖에서 호흡

큰 숨 한번 내 쉬고
고개 들어 허공을 빙빙 돌아본다

별도 달도 보이지 않는다
그래도 그냥 고개 내리지 않는다

넓은 하늘 아래 오로지 혼자
외로움 고독함 무서움에 이른다

그래서 어떤 이는
춤추며 하늘로 날아갈까

넓은 품을 가진 허공
지구의 모든 것을 품고도 남을 듯

매력

매력은
사람을 끌어들이는 힘

사람 얼굴
눈
코
귀
입
훤칠한 키

그중 최고 매력
마음 열어주는
활짝 웃는 예쁜 미소

개똥

파란 잔디
숨어 있는 개똥

어쩌다 동생 발에 밟혀
깨금발로 서서 울상이다

참지 못한 누나 웃음소리에
동생은 눈물바다

아빠 엄마 보고도 못 본 척
선창 향하고

지나가던 할아버지 덕담 한마디
"애야, 개똥 밟으면 건강하단다"

기계에게 배운다
- 배부르면 돈도 토해낸다

엄마 붙들고 칭얼대는 아이
아이가 원하는 자판기 속 생수

동전 넣었다 지폐 넣었다
사정해도 받아주지 않는 자판기

공공장소에서
여러 명이 웅성이는 소리

"돈이 들어가지 않는다"

자판기 주인장 열쇠로 열어보니
돈통이 가득 차 받아주지 않았다

배부르면 돈도 토해내는 기계
욕심이 목구멍까지 찬 인간 세상
누릴 만큼 누려도 아우성

어떤 부부

인기척에 문을 여미니
잔디밭에 말뚝처럼 서서
부들부들 떨고 있는 여자
부축하는 한 남자

순간
지병으로 고통받나 싶어
무슨 일이냐 물었다

남자가 배시시 웃으며
갑자기 튀어나온
고양이가 무서워 그런다고

그냥 웃을 수 없어
나도 그렇다고 말한다

돌아서며 생각
부부의 참사랑 모습

■ 발문

아름드리 느티나무 같은 시인

이대흠(시인, 문학박사)

1. 가난하고 따듯했던 어린 시절의 정서

　서정시의 근간이 인간의 정서인 점을 생각해 보았을 때, 성격에 따라 정서적 반응에 차이가 있다는 점을 간과해서는 안 된다. 한 사람의 기본적 성격은 유년기의 환경에 어떻게 대응하였는가에 따라 달라지고, 그렇게 형성된 성격은 대상을 판단하는 중요 기준이 되고, 특정 사건에 대한 정서와 감정에도 영향을 미친다. 특히 성장기에 각인된 특정 정서는 한 사람의 인생 전반기에 많은 영향을 미친다는 것을 어린 시절의 환경이 인생의 방향을 결정한다고 봐도 과언이 아닐 것이다. 철저한 자기반성을 전제로 하지 않는 한 이러한 성격은 쉽게 변하지 않는다. 대개는 부정적 견해를 많이 가진 사람은 부정적으로 보는 경우가 많고, 긍정적인 사고를 가진 사람은 매사를 긍정적으로 보게 된다.

김광수 시인의 시집 『태뫼봉의 양지』에는 어린 시절 겪었던 가난에 대한 체험이 진솔하게 들어 있지만, 거기에는 대상을 긍정적으로 해석하려는 강한 의지가 들어 있다. 지독한 가난 속에서 시인의 정서가 이렇게 긍정적인 방향을 유지할 수 있었던 데에는 자신과 고향에 대한 자부심과 어머니의 따스함이 한없는 지지가 외었기 때문이다.

2. 어머니라는 종교

　김광수 시인은 자기애가 강하고, 자부심도 상당한 것으로 보인다. 이렇게 보이는 건, 그가 무슨 일을 하든지 최선을 다한다는 사실 때문이다. 노력과 성실이 그의 신조 같다. 그러면서도 나서서 우쭐대지 않고, 비교하여 움츠리지도 않는다. 맡은 바가 있으면, 어떻게 해야 잘할 수 있을까를 고민하고, 마침내 그 일을 특별하게 잘 해낸다. 그렇게 마음먹은 바를 반드시 이루고야 마니, 모르는 사람들이 보기에는 무엇이든 잘하는 사람으로 보일지 모르지만, 우리가 눈으로 보지 않는 동안에 그는 얼마나 무너지지 않으려 마음을 다잡았을 것이며, 게을러지는 자신에게 가혹한 매질을 가했겠는가. 남들이 노는 시간에 무언가를 하기 위해 머리를 싸맸을 것이고, 남들이 잘 때 졸음을 쫓아가며, 공부하고 연구하였을 것이다. 시집 원고를 읽으면서 그의 의지와 꾸준함에 박수를 먼저 보내고 싶다는 생각을 하지 않을 수 없다.

지금이야 특별히 부족할 게 없는 삶을 살고 있지만, 시인의 어린 시절은 지독하게 가난했다. 유년을 회상한 이야기마다 굶주림이 가득하다. 오죽했으면, 시냇물을 마시며 배고픔을 달래었을까.

참 지질이도 어렵고 힘들 때
여나무 살 어린 아픈 추억
아래로 세 명의 동생이 옹기종기
예닐곱 때를 쓰던 동생들의 울음이 머문
냇갈은 지금도 나의 발목을 잡는다

엄마의 슬픈 부탁으로 내가 앞서고 동생들은 뒤따른다
마지못해 느릿느릿 걸어 겨우 도착하여 안으로 들어가지 못하고
샛밖에서 기웃기웃 거리며 들어오라는 할아버지 목소리 기다린다
할아버지는 무궁화나무 아래 앉아 산만 쳐다보신다
결국 들리는 앙칼진 목소리 밥 딱 맞춰 했는데 또 왔다고

동생들을 재촉하여 되돌아오다 냇갈에서
배고프다고 버티는 동생들에게 시범을 보인다
무릎을 징검다리에 대고 냇갈 물을 벌컥벌컥 들이킨다
먹지 않겠다고 울어대던 동생들의 모습은 잊을 수 없다
먹고 또 먹은 냇갈 물은 밤새도록 뱃속을 뒤틀었다

지금은 조그만 다리가 놓였으나
그 기억은 자동차 바퀴도 세운다
― 「냇갈밥」 전문

　시냇물을 뜻하는 냇가를 전라도 서남방언으로는 '냇갈'이라 한다. 따라서 '냇갈밥'은 시냇물과 다르지 않다. 밥 얻어먹을 동생들 우수수 데리고 할아버지 집에 갔다가, 빼고픔을 참고 집으로 오는 길이었으니, 모두가 허기졌다. 어린 동생들만 배가 고프고 열 살 조금 넘은 큰형의 배만 고프지 않을 리는 없다. 그러나 철없는 동생들이 떼를 쓴다. 어리지만 큰형은 바로 어른이 되어야 한다. 조숙하고 사려가 깊어질 수밖에 없다. 굶는 동생들을 먹일 게 없다. 기껏 꾀를 낸 것이 맹물이다. 징검다리에 엎드려 냇물을 양껏 마신다. 무슨 맛이 있었겠는가. 빈속에 맹물을 많이 마시면 속이 느글거리고, 구역질이 난다. 동생들은 먹지 않겠다고 울어대지만, 형이 먼저 마셨으니, 마시는 시늉이라도 해야 한다. '밥이든 물이든 배부르면 그만이지.' 마음에도 없는 아픈 말을 했을지도 모른다. 밥 대신 먹는 물이라 냇갈밥이다. 가난했던 시절의 눈물겨운 추억이 아닐 수 없다. 굶주림보다 지독한 형벌은 찾기 어렵다. 죄도 없이 어린 아이들이 너무 가혹한 벌을 받았다. 그렇게 동생들과 '냇갈밥'을 먹었던 큰형은 이제 칠순이 되었다. 한 번도 잊은 적이 없었을 눈물겨운 장면이다. 그래서 지금도 그 '냇갈'을 지날 때면 차를 세운다. '그 기억은 자동차 바퀴도 세운다'는 진술은 힘이 세다.
　가난은 견디기 어렵고, 배고픈 시절을 지내본 이들은 가난과 전쟁이라도 할 듯이 산다. 이 시집에 실린 상당수 시편들이 가난에 대한 애기인 것은 시인의 유년 시절과 관련이 있다. 직접 들은 적은 없지만, 어린 시절의 가난한 가계가 저절로 그려진다. 가난한 집의 밥상에 자주 오르는 음식이 풋대죽(풀떼기)이다. 그나마 밀가루나 다른 잡곡이 넉넉하면 풀보다 걸쭉한 게 풋대죽이지만, 그마저 여의치 않을 때는 멀건 하늘빛 같은 죽이 풋대죽이다. 풋대죽이나 겨우 먹는 형편이니 도시락은 언감생심이다. 점심시간이 되어도 즐거울 리가 없다. 한참 성장할 나이의 아이들에게 점심시간은 가장 즐거운 시간이다. 그러나 도시락이 없는 화자는 한없이 왜소해진다. 다른 아이들이 더 즐거워할수록 마음은 졸아든다. 점심을 굶은 아이의 하굣길은 바쁠 수밖에 없다. 집에 가면 그래도 '어머니표 풋대죽'이 있을 것이라는 믿음만 붙잡는다.

    땡땡땡 점심시간
    웅성웅성 와자지껄

    제각각 도시락 자랑
    작아지는 내 모습

    종종걸음 걷다가
    누가 볼세라 냅다 달린다

    이마에 맺힌 땀 훔치고
    가마솥 뚜껑 밀어 제치니

나를 반겨주는
어머니표 풋대죽 한 그릇
- 「식지 않는 풋대죽」 전문

'이마에 맺힌 땀 훔치'며 뛰어가서 '가마솥 뚜껑을 밀어제' 친다. 마음이 얼마나 급했으면, 밀어제친다고 표현했을까. 아이의 서두름이 그 표현에 고스란히 들어있다. 가난했다. 굶주렸다. 그래도 시적 화자는 어머니에 대한 깊은 신뢰를 간직하고 있다. 가난하기는 했지만, 어머니의 애정을 충분히 받고 자란 듯하다. 시집에 실린 작품 중 수작이랄 수 있는 「토방 위의 그리움」이나 「엄니」 같은 작품을 보면, 어머니를 그리워하는 시인의 속내가 따뜻하게 드러난다. 그런 시인은 어렸을 때도 어머니를 지극히 생각하는 마음을 가졌다. 종기가 난 어머니를 위해, 열 살 남짓한 아이가 고약을 사러 가는 장면을 그린 「신통방통」에는 어머니를 대하는 극진한 마음이 들어있다.

여나무 살 키 작은 아이
엄니 종기 걱정되어

소문만 듣고
버스 타고 철선 타고

종기에는 고약이 최고라고
물어물어 찾아간다
시끌벅적 목포시장 골목

소문에 듣던 간판 찾았다

눈물 글썽 콧물 글썽
이제 엄니는 낫는다

막차 타고 도착하니
어둠 속에 엄니가 보인다

그냥 눈물이 주르르

지금도 생각나는
이 뭐시기 고약

─「신통방통」 전문

아이는 어머니를 마음 깊이 사랑하고, 어머니도 자식을 온 마음을 다해 생각한다. 장질부사에 걸린 아이가 죽을 지경이 되자, 어머니는 아이 곁을 떠나지 못한다. 늘 주머니가 가난해서 짜장면도 보통 밖에 시켜주지 못한 어머니이지만, 아픈 자식에게는 아낄 것이 없다. 생물 낙지를 사다가 아이에게 먹인다. 전라도에서는 농사철에 너무 많은 일을 하다가 기력이 다해 쓰러진 소를 살리기 위해 낙지를 먹였다. 초식동물인 소이지만, 짚 속에 낙지 한 마리를 넣어서 목구멍 깊숙이 집어넣으면, 그걸 삼킨 소가 실제로 벌떡 일어선다. 낙지를 먹이고도 일어서지 못하는 소는 희망이 없다고 판단한다. 그렇게 기력을 일으키는 데는 특효라는 낙지에 대한 믿음이 어머니의 간절함과 닿았다.

장질부사!
햇살 스민 토방 위에
비스듬히 기대어
목숨 이어갈 힘조차 다할 즈음

온갖 애를 다해도
백약이 무효

게슴츠레한 실눈 속에
아지랑이만 아물아물
어머니 눈물 넘치는 한 동이

오메 내 새끼
오메 불쌍한 내 새끼
정신 줄 놓으면 안 된다
눈 크게 떠라

자빠진 소도 일으킨단다
낙지 탕탕이 입에 밀어 넣어주신
간절한 호흡소리
- 「토방 위의 그리움」 부분

 장질부사에 걸린 아이에게 어머니는 귀하디귀한 낙지탕탕이를 먹여서 살려낸다. 시에서야 낙지탕탕이만 나오지만, 어머니의 간절함이 어디 그것 하나뿐이었겠는가. 어머니는 백방으로 아이 살릴 방법을 알아보고, 새벽이면 사람 손 닿지 않는 먼 샘물을 떠와서 비손을 하였을 것이다. 그런 어머니이니, 나이가 들어서도 시인의 하늘에는 어머니 얼굴이 그려져 있다.

3. 현실 직면하기

　김광수 시인의 시가 과거를 향할 때는 어머니를 비롯한 가족들의 가난하고 따뜻한 얘기가 주를 이루지만, 현실을 직면할 때는 묘사를 바탕으로 한 위트가 돋보인다. 호기심 가득한 눈으로 맞닥뜨린 현실은 어떤 모습일까. 열여덟이 된 소년은 다른 세상 궁금하여 겁도 없는 계획을 세우고 실천한다. 이른바 무전여행이다. 「무전여행」은 명사형으로 뚝뚝 끊어지는 방식으로 쓴 작품인데, 무전여행을 하다가 메모를 한 형식을 취한 것 같아서 신선하게 읽힌다. 그러나 대책 없는 무전여행은 아무리 혼자 계획표를 짰더라도 엉뚱한 사건과 결말을 맞게 된다.

　　십팔 세 청춘
　　다른 세상 궁금하여
　　당찬 계획표 작성

　　호남선 완행열차 서울역 도착
　　촌놈은 촌놈이다
　　호주머니 몽땅 털렸다
　　　　　　　　　　　　　－「무전여행」 부분

　계획대로 되지 않은 게 많다. 더구나 서울 구경을 해본 적 없는 시골 소년의 무작정 상경기가 무사히 끝날 가능성은 별로 없다. 호남선 완행열차를 타고 서울역으로 갔는데, 도착하자마자 주머니부터 털렸다. 아무리 무전여행이라지만, 아는 데도 없고, 갈 곳이 정해진 것도 아니다. 기본적으로 돈이라도 있어야 먹고, 움직일 것인데, 난데없이 가진 것을 다 빼앗겼다. 과거에는 그렇게 거친 사람들이 더러 있어서 물색 모르면 험한 꼴을 당하기 일쑤였다. 그래도 배짱은 좋다. 멈추지 않고 앞으로 나아간다. 그러다 우연히 호인을 만나 도움을 받기도 하고, 일자리를 알아보러 다니기도 한다. 하지만 야생의 세계는 호락호락하지 않다. 15일이 지나자 깡마르고 새카매져서 전혀 다른 사람처럼 변해버렸다.

  십오일 지난날
  우연히 거울 본다

  얼굴이 새까맣게 타고 벗겨져
  외계인을 본 듯

  마음이
  갈등 지도를 편다

            -「무전여행」부분

 현실을 벗어나려 탈출했는데, 탈출이 더 힘든 상황이 되어 버렸다. 당연히 마음이 이리저리 여러 개의 길을 폈다가 접는다. 그런 마음 상태를 '마음이 갈등 지도를 폈다'라고 표현했다. 얼마나 달라졌으면, 마을 사람들이 알아보지 못했을까. 이런 상황에서도 어머니는 영원한 회귀처가 되어

방랑자를 안아준다.

> 동네에 들어서니
> 어른 아이 몰라본다
>
> 그래도 얼른 뛰어와
> 꼬옥 안아주신 어머니
>
> ―「무전여행」 부분

　보름 동안의 무전여행으로 갖은 고난을 겪기도 했지만, 그 경험은 김광수 시인에게는 일종의 '통과의례'가 되었을 것이다. '죽었나 살았나 / 한숨도 편히 못 잤다 하신다'(「무전여행」 부분)는 어머니의 환대를 받는 아이는 이제 어린아이가 아니다. 백설공주가 독사과를 먹고 잠이 들었다가 깨어나 어른이 되듯이, 무전여행을 경험한 아이는 이제 독립된 개체가 되어 세계를 주체적으로 살아갈 수 있다. 성장기의 이런 이탈은 오히려 한 개인의 성장에 지대한 영향을 미치기도 한다.

4. 어떤 미소는 느리게 온다

　인간은 모신母神인 어머니의 품에서 벗어나 걸어 나갈 때 세계를 직면할 수 있고, 자기 영역을 구축할 수 있다. 이러한 현실과의 대면이 힘들 수도 있지만, 김광수 시인의 작품에서는 위트가 빠지지 않는다.

조금 더 밝게 하려고 심지를 쑥 빼 올리니
그을음이 천정을 덮치고 콧구멍 탄광이네
- 「등잔불」 부분

등잔불을 켜고 한자를 공부했던 경험을 쓴 시가 「등잔불」인데, '등잔불은 시력을 집중 / 그때 보고 쓰던 한자가 지금도 생각난다'(「등잔불」 부분)고 했으니, 조명의 밝기와 집중도가 비례하는 건 아니다. 이불 뒤집어쓰고, 등잔불 아래에서 한자를 익히고 있는 아이의 모습이 보이는 것 같다. 그러나 잘 보이지 않는 글씨를 또렷하게 보기 위해 심지를 올린다. 심지를 올리면 불이 더 세져서 밝아지는 건 당연하다. 그러나 그을음도 많아진다. '심지를 쑥 빼니 / 그을음이 천정을 덮치고 콧구멍 탄광이네'라는 표현이 재미있다. 실은 화자는 자신의 콧구멍을 보지 못했을 것인데, 마치 자기 눈으로 자신의 콧구멍을 들여다보고 있는 것만 같다. 이런 초점자의 시각이 익살스럽다.

저 멀리 두륜산 두 봉우리
한평생 같이한 영감 할미 같다

큰 봉우리 궁금한지 휙 돌아봐도
아는지 모르는지 뒤 봉우리 땅만 바라본다

세월의 무게가 허리에 얹혀있나
등 만 휘었다
- 「허리」 전문

김광수 시인의 이번 시집에서는 유독 해남 관련 시가 많다. 이는 그가 활발하게 문화해설사로 활동하고 있는 것과도 관련이 있을 것이다. 참고로 그는 대한민국 대표 해설사이다. 해설사 대회라는 게 있는데, 전남대회에서 대상을 받았을 뿐만 아니라, 전국대회에서도 대상을 받았다. 실제로 그의 해설을 들을 기회가 있었는데, 서울에서 온 문학인들과 교수들로 구성된 답사팀의 안내를 부탁한 적이 있다. 대흥사 일주문에서 시작된 그의 해설은 막힘이 하나도 없었고, 격이 있었으며, 재미도 있었다. 해설을 들은 사람들의 입에서 감탄이 나왔다. 특히 내가 눈여겨 본 것은 지식의 깊이도 깊이였지만, 무엇보다도 또렷한 발음이었다. 그는 한 마디 한마디를 적확하게 발음했다. 매사에 철저한 그가 얼마나 노력을 했을지 짐작이 가는 대목이었다. 그런 품성을 지닌 김광수 시인이니, 해설사로서 시인으로서 해남을 자랑하고 싶은 마음은 간절했을 것이다. 그런 시인의 눈에 두륜산 봉우리가 잡혔다. 산은 늘 산으로 있는 것이지만, 시인의 눈에 잡힌 이미지는 늙은 부부가 나란히 앉아 있는 모습 같다. 그런데 가만히 앉아 있는 게 아니다. 한 봉우리는 뒤돌아보고, 다른 봉우리는 앞 봉우리가 뒤돌아보는지도 모른다. '큰 봉우리 궁금한지 휙 돌아봐도 / 아는지 모르는지 뒤 봉우리 땅만 바라본다'(「허리」 부분) 뒤돌아보는 할아버지의 행동을 눈치채지 못하고, 방바닥 콩 같은 것이나 집중하고 있는 할머니의 모습이 그려진다. 서로의 관심이 조금 어긋나도 평화롭다. 그렇게 이미 충분한 기쁨이 고요히 깔려 있기 때문이다.

    문틀에 대롱대롱 달린
    백열등 하나
    못으로 구부려 만든 고리 두 개

    왼쪽으로 당기면
    작은 방안 밝히고

    오른쪽으로 당기면
    석유곤로 위 냄비의 후광이 된다

    고픈 배 만큼 춤 추던
    백열등 하나 추억이

    다락방 구석에서
    빛으로 다가온다

                          - 「백열등」 전문

  과거의 농촌은 대부분 가난했다. 농산물 가격을 잡는 정부 정책도 문제였지만, 좁은 농토에 많은 사람들이 생계를 의지했기에 넉넉해지기 어려웠다. 그래서 전기세는 무척 부담되는 비용이었다. 따라서 이집 저집 가릴 것 없이 촉 낮은 전구 하나로 온 집안의 불을 밝히는 경우가 허다했다. 문틀에 대못 하나 박아 놓고, 거기에 전구가 달린 전선을 묶었을 것이다. 작은방의 불을 밝혔다가 요리할 때면 석유곤로 쪽을 비추었을 백열등 하나, 가난한 집에서는 백열등이 바쁘다. 이런 작품이 가능한 것은 김광수 시인의 세밀한 관찰력 덕분이다. 깊이 있는 시선은 좋은 시를 가져온다. 어떤 대상이건 하나의 각도에서 보는 겉면만을 보여주려는 고집이 있기에 시인의 눈은 숨겨진 것을 포착해야 한다. 앞이 아니라 뒤를 보고, 겉면이 아니라 속을 볼 수 있는 눈이라야 대상의 실체를 발견할 수 있다.

> 가끔 듣는 소리지만
> 깊이 생각해 보지 않았다
>
> 얼굴값
> 이름값
> 나잇값
> 덩칫값
>
> 사진을 앞에서 찍으면
> 잘 보이려고 자세 표정 관리
>
> 사진을 뒤에서 찍으면
> 제멋대로 자연스러운 뒤통수
>
> 사람의 머리는 하나인데
> 얼굴값은 해야 하고
> 뒤통수 값은 안 해도 괜찮나
>
> 　　　　　　　　　－「뒤통수」 전문

　거울을 봐도 안면만 보이고, 사진을 찍을 때도 앞 얼굴만 찍는다. 얼굴값 해야 한다고는 말해도 뒤통수 값을 해야 한다는 말은 하지 않는다. 어쩌면 얼굴의 앞면보다는 뒤통수가 더 진실일지도 모르는데, 대부분은 안면만 보고 다 안다는 듯이 관심을 두지 않는다. 마주 보고 웃다가 돌아가는 뒷모습이 무척이나 쓸쓸하게 보였던 사람을 본 적이 있다. 그런 뒷모습이 그의 이력에 가까울 것이고, 그의 상황이나 내면 의식을 더 잘 드러낸다. 김광수 시인은 그런 뒤통수를 바라볼 줄 안다. 마당이 깨끗한 집보다는 뒤란이 밝은 집이 오래 기억에 남지 않던가.

> 파란 잔디
> 숨어 있는 개똥
>
> 어쩌다 동생 발에 밟혀
> 깨금발로 서서 울상이다
>
> 참지 못한 누나의 웃음소리에
> 동생은 눈물바다
>
> 아빠 엄마 보고도 못 본 척
> 선창 향하고
>
> 지나가던 할아버지 덕담 한마디
> "애야, 개똥 밟으면 건강하단다"
>
> ―「개똥」 전문

시적 화자는 어린 동생을 둔 형이나 누나이다. 화자도 어리지만, 동생은 더 어리다. 동생은 걸음마를 뗀 지가 얼마

되지 않았다. 개똥 밟은 동생은 깨금발을 한 채로 울고, 어린 형은 무엇을 하고 있는지 드러나 있지는 않지만, 아마도 어찌할 줄을 몰라 안절부절하고 있을 것 같다. 다만 동생을 어떻게라도 도와주고 싶은 마음은 간절해 보인다. 이런 상황인데, 이런 상황을 알 법도 한 부모님은 못 본 척한다. 아이의 마음이 출렁거리고 있는 것만 같다. 이때 지나가던 할아버지 한 분이 덕담을 한다. '애야. 개똥 밟으면 건강하단다.' 안심한다는 말이 나오지는 않았지만, 개똥 밟은 동생을 보고만 있어야 했던 누나(혹은 형)의 마음이 누그러졌을 것만 같다. 그러나 그것은 시에서의 덕담이고, 독자인 우리가 느끼는 것은 개똥을 밟은 코흘리개 동생과 그 동생을 어떻게든 도와주고 싶지만 어쩌지 못하고 있는 누나(혹은 형)의 모습이다. 두 아이가 다 울고만 있을 것 같은 이 상황이 독자를 미소 짓게 한다. 역설적 상황이다. 김광수 시에서의 위트는 이렇게 느리고 잔잔한 웃음을 준다. 톡 터지는 웃음이 아니라, 지긋하고 둥근 웃음이다.

5. 둥근 말 속에는 얼마나 많은 갈등이 있을까

 총 7부에 이르는 김광수 시집 『태뫼봉의 양지』에는 총 7부에 101편의 시가 실려 있다. 등단한 지 만 1년도 되지 않아 시집을 내면서 이렇게 많은 편수의 시를 묶는다는 것은 그의 열정이 대단하고, 노력을 게을리하지 않았음을 증명한다. 그런데 여러 번 시집 원고를 읽으면서 한 가지 의문이

드는 것은 모든 시편들이 대체로 따스하고 긍정적인 주제로 향하고 있다는 점이다. 우리의 삶은 언제나 따뜻하지도 않고, 긍정적인 상황만 있는 게 아닌데, 부정적 요소나, 갈등이 거의 없다.

 물론 이 작품들은 칠순을 기념하여 묶는 것이고, 본인이 과거 회상에 의존해 썼던 작품을 한 번은 정리하고 싶었다고 말한 바가 있어서 이해가 되지 않는 바는 아니지만, 직면한 현실에서의 갈등과 망설임에서 오는 질문이 결여되어 있어 아쉽기는 하다. 그러나 김광수 시인의 삶의 태도는 여전히 20대에 못지않게 젊어서 기대를 접지는 않는다. 시집 이후 김광수 시인의 작품이 더 궁금해진다. 그가 본인이 가진 특유의 뚝심과 노력으로 한국어의 새로운 빛깔을 찾아낼 수 있을 것이라는 믿음이 있다.

김광수 시집
태뫼봉의 양지

인   쇄 2024년 12월 13일
발   행 2024년 12월 18일
지 은 이 김 광 수
펴 낸 이 노 남 진
편   집 장 숙 영
펴 낸 곳 (사)한림문학재단 · 도서출판 한림
         61488 광주광역시 동구 백서로125번길 11(금동)
         (062)226-1810(代) · 3773
         E-mail hanlim1992@kakao.com
         출판등록 제1990-000008호(1990. 9. 14.)

ⓒ 김광수, 2024
  이 책의 저작권은 저자에게 있습니다.
  저자와 출판사의 허락없이 내용의 일부를 발췌하거나 인용할 수 없습니다.

값 12,000원
ISBN 978-89-6441-584-9   03810

* 이 책의 판매처 _ 교보문고, 예스24